REFORMA TRIBUTÁRIA

Dados Internacionais de Catalogação na Publicação (CIP)

Coletta, Osvaldo Dalla.

C694 Reforma tributária : sistema tributário atual / Osvaldo Dalla Coletta. – Joinville : [s.n.], 2022.

28 p. ; 15 cm.

ISBN 978-85-471-0638-6

1. Reforma tributária. 2. Finanças públicas. 3. Formato digital. I. Título.

0822-06 CDD 336

Ficha catalográfica elaborada por
Débora Soares Vicente de Santana – Bibliotecária CRB-9/1914

Índice para catálogo sistemático:
1. Finanças públicas 336

Osvaldo Dalla Coletta

Economista CRE – SP n. 6.813

REFORMA TRIBUTÁRIA

Sistema Tributário Atual

Revisão de texto, projeto gráfico e diagramação: Eliane Otani

CONTENTS

CONCEITOS

- **Tributos:** os tributos são constituídos pelos impostos, pelas taxas e pelas contribuições.

- **Contribuintes:** apenas as pessoas físicas são contribuintes, porque elas são os consumidores finais que compram e pagam os preços dos produtos e dos serviços, preços estes que incluem os tributos. As pessoas jurídicas (empresas) não são consumidores finais e não são contribuintes porque elas não pagam tributos, elas apenas recolhem os tributos que estão incluídos no preço de venda dos produtos e dos serviços, os quais são comprados e pagos pelas pessoas físicas, que são os consumidores finais.

- **Progressividade tributária:** a progressividade tributária tributa proporcionalmente à capacidade contributiva de cada contribuinte. Em outras palavras, tributa proporcionalmente à renda de cada contribuinte ou cobra mais de quem ganha mais e cobra menos de quem ganha menos.

- **Dumping:** é uma prática comercial desleal. Por exemplo, um determinado produto importado chega ao Brasil por um preço inferior ao custo do produto no país exportador. Nesse caso, cobra-se o imposto de importação, para que o custo desse produto importado seja igual ao custo do produto no país exportador.

- **Algoritmo:** é uma sequência lógica de instruções para produzir um determinado resultado. Por exemplo, para fazer o cálculo 2 x 3 = 6, o programador de computador escreve uma sequência lógica de instruções, equivalente ao que se faz com uma calculadora manual quando se apertam as teclas (2), (x), (3) e (=), para se obter o resultado 6.

REFORMA TRIBUTÁRIA FEDERAL

A reforma tributária federal substituirá todos os tributos federais atuais por uma contribuição nacional progressiva (CNP), que será cobrada de todas as pessoas físicas que residem no Brasil. Há uma única exceção: o imposto de importação, o qual deve ser mantido para preservar a sua função regulatória antidumping.

A base de cálculo da CNP será o total da renda bruta mensal de cada pessoa física diminuída do valor equivalente a um salário-mínimo. A cobrança dessa CNP será feita automaticamente pelo sistema eletrônico de processamento da Receita Federal, por meio da retenção na fonte pagadora, no momento dos pagamentos feitos para cada pessoa física. Para cada pessoa física e até o quinto dia útil do mês corrente, o algoritmo do sistema de processamento eletrônico somará todos os valores retidos no mês anterior ao mês corrente e, deste somatório, diminuirá o valor correspondente a um salário-mínimo, a fim de obter a base de cálculo da CNP e com essa base de cálculo, selecionará a alíquota da tabela progressiva da faixa de renda correspondente ao valor da base de cálculo obtida, para calcular o valor da CNP devido no mês anterior ao mês corrente. Quando haver diferença entre o valor total mensal retido no mês anterior ao mês corrente e o valor total mensal devido no mês anterior ao mês corrente, o valor da diferença será debitado ou creditado no CPF da pessoa física.

A contribuição nacional progressiva (CNP) será creditada automática e diretamente na conta bancária da Receita Federal e será cobrada de acordo com a seguinte tabela progressiva:

Salários-mínimos	Alíquotas (%)
0 a 1	1
1 a 2	2
2 a 3	3
3 a 4	4
4 a 5	5

Salários-mínimos	Alíquotas (%)
5 a 6	6
6 a 7	7
7 a 8	8
8 a 9	9
9 a 10	10
10 a 11	11
11 a 12	12
12 a 13	13
13 a 14	14
14 a 15	15
15 a 16	16
16 a 17	17
17 a 18	18
18 a 19	19
19 a 20	20
20 a 21	21
21 a 22	22
22 a 23	23
23 a 24	24
24 a 25	25
25 a 26	26
26 a 27	27
27 a 28	28
+ de 28	29

A progressividade tributária tributa proporcionalmente à capacidade contributiva de cada contribuinte. Em outras palavras, cobra menos de quem ganha menos e cobra mais de quem ganha mais. Por exemplo, uma pessoa que ganha R$ 1.300,00 por mês pagará 1% de CNP, que é igual a R$ 13,00, e ficará com R$ 1.287.00 para ela. Já uma pessoa que ganha R$ 35.000,00 por mês pagará 29% de CNP, que é igual a R$ 10.150,00, e ficará com R$ 24.850,00 para ela.

O algoritmo do sistema eletrônico de processamento fará o controle diário da arrecadação, a fim de arrecadar o valor que consta no orçamento do Governo Federal, nem mais nem menos, e, se necessário, fará os ajustes diariamente nas alíquotas da tabela progressiva, aumentando ou diminuindo as alíquotas, começando com +0,01% ou -0,01%, para que o valor arrecadado seja igual ao valor que consta no orçamento do Governo Federal, independentemente das variações da atividade econômica para mais ou para menos.

Os registros eletrônicos dos pagamentos efetuados às pessoas físicas serão feitos em tempo real (on-line), diretamente no sítio eletrônico (site) da Receita Federal. Nesses registros eletrônicos, constarão o valor total do pagamento, o valor da CNP retido, o CNPJ ou o CPF do pagador, o CPF do recebedor e um código com as demais informações necessárias à Receita Federal e ao Instituto Brasileiro de Geografia e Estatística (IBGE). Quando os pagamentos às pessoas físicas não puderem ser registrados em tempo real (on-line), os pagadores farão os registros eletrônicos desses pagamentos no final de cada dia ou no final de cada semana.

Essa reforma tributária garante que o Governo Federal tenha a sua arrecadação (receita) preservada, após a sua aprovação e a sua implantação.

Após a aprovação e a implantação dessa reforma tributária, o Governo Federal ficará proibido de: arrecadar mais do que consta no orçamento anual, gastar mais do que arrecada, tomar dinheiro emprestado, emprestar dinheiro e ser avalista de tomadores de dinheiro emprestado, bem como terá que quitar todas as suas dívidas já contraídas no prazo máximo de vinte anos.

Quando os contribuintes quiserem reduzir a carga tributária, eles precisarão interagir com seus representantes no Congresso Nacional, a fim de que o orçamento para o ano seguinte seja aprovado de acordo com a redução da carga tributária pretendida pelos contribuintes.

Considerando que o Governo Federal não poderá nem arrecadar mais nem gastar mais do está previsto no orçamento anual, ele será obrigado a fazer um fundo de reserva financeiro destinado aos gastos necessários com o atendimento das necessidades decorrentes de eventuais desastres naturais e emergências sanitárias e, também, a contratar uma apólice de seguro de responsabilidade subsidiária para cada obra pública que realizar, para assegurar a boa qualidade do edital de concorrência pública, do projeto da obra, da qualidade da construção da obra, do cumprimento do prazo de entrega da obra, bem como para garantir o pagamento de eventuais indenizações por danos causados contra terceiros até o término do período de garantia de cada obra contratada.

Será do interesse da seguradora atuar para evitar: falhas no edital de concorrência pública, falhas no projeto, falhas na construção da obra, atraso na entrega de cada obra pública assegurada e eventuais danos causados contra terceiros. Sem prejuízo da responsabilidade do engenheiro responsável técnico da construtora para cada obra pública contratada pelo Governo Federal, a seguradora terá um engenheiro responsável técnico subsidiário próprio para cada obra pública assegurada, como medida preventiva para evitar a possibilidade de ela ter que pagar multa por atraso na entrega da obra assegurada e assumir financeiramente os prejuízos decorrentes de falhas no edital de concorrência pública, no projeto e na construção da obra, pelos reparos e consertos de defeitos de construção e de eventuais danos causados contra terceiros até final do período de garantia de cada obra pública assegurada.

Sem prejuízo da responsabilidade do engenheiro responsável técnico da construtora, o engenheiro da seguradora contratada e responsável técnico subsidiário da obra pública assegurada terá os seguintes direitos: participar da elaboração do edital de concorrência pública, participar da elaboração do projeto e ter livre acesso à construção da obra pública assegurada até o término da construção e da entrega da obra pública assegurada. A participação do engenheiro responsável técnico subsidiário da seguradora contratada durante a elaboração do edital de concorrência pública é importante para prevenir eventuais falhas técnicas, como por exemplo, garantir a correta especificação técnica do macadame para o asfaltamento de estradas, avenidas e ruas, em outras palavras, garantir que a especificação técnica do macadame seja adequada para suportar a intensidade do tráfico dos veículos com suas respectivas cargas máximas (o peso de cada veículo mais a carga máxima que eles podem carregar), para evitar que a superfície do asfalto apresente deformações e buracos pouco tempo depois do asfaltamento.

Após a aprovação e a implantação dessa reforma tributária federal e das reformas tributárias estaduais, distrital e municipais semelhantes à reforma tributária federal, as pessoas jurídicas (empresas) farão apenas o depósito mensal do Fundo de Garantia por Tempo de Serviço (FGTS) de cada trabalhador e, quando for o caso, farão o recolhimento do imposto de importação. Os pagamentos de mão de obra, a produção, a venda e o transporte de máquinas, produtos e mercadorias ficarão completamente livres de tributação e completamente livres de embaraços burocráticos governamentais, assim como o ficarão a venda e a prestação de serviços.

REFORMA TRIBUTÁRIA ESTADUAL, DISTRITAL E MUNICIPAL

A reforma tributária para todos os estados, para o Distrito Federal e para todos os municípios é igual à reforma tributária federal. No texto explicativo da reforma tributária estadual, distrital e municipal, em comparação com o texto explicativo da reforma tributária federal, o que muda são apenas as palavras Federal, federais, Brasil, Congresso Nacional, e a sigla CNP (contribuição nacional progressiva), substituindo-as, respectivamente, pelas palavras Estadual ou Distrital ou Municipal, estaduais ou distrital ou municipais, Estado ou Distrito Federal ou Município, Assembleia Estadual ou Assembleia Distrital ou Câmara Municipal e a sigla CNP por CEP (contribuição estadual progressiva) ou CDP (contribuição distrital progressiva) ou CMP (contribuição municipal progressiva).

As reformas tributárias estaduais, distrital e municipais substituirão todos os atuais tributos estaduais, distrital e municipais pelas suas respectivas contribuição estadual progressiva (CEP), contribuição distrital progressiva (CDP) e contribuição municipal progressiva (CMP), que serão cobradas das pessoas físicas que residem nos seus respectivos territórios, estaduais, distrital e municipais, por meio dos seus respectivos sítios eletrônicos (sites) e creditadas automática e diretamente nas contas bancárias das respectivas receitas estadual, distrital e municipal.

Essas reformas tributárias, após a sua aprovação e a sua implantação, garantem que todos os estados, o distrito federal e todos os municípios tenham as suas arrecadações (receitas) preservadas e asseguram a autonomia fiscal dos estados, do distrito federal e dos municípios, com a eliminação da dependência fiscal atual provocada pelas atuais transferências de receitas federais para os estados e para o distrito federal, e dos estados para os municípios.

Quando os contribuintes quiserem reduzir a carga tributária, eles precisarão interagir com seus representantes legislativos, a fim de que o orçamento para o ano seguinte seja aprovado de acordo com a redução da carga tributária pretendida pelos contribuintes.

Após a aprovação e a implantação dessa reforma tributária, os governos estaduais, distrital e municipais ficarão proibidos de: arrecadar mais do que consta nos respectivos orçamentos anuais, gastar mais do que arrecadam, tomar dinheiro emprestado, emprestar dinheiro e serem avalistas de tomadores de dinheiro emprestado, bem como terão que quitar todas as suas dívidas já contraídas no prazo máximo de vinte anos. Esses mesmos governos serão obrigados a fazer um fundo de reserva financeiro destinado aos gastos necessários com o atendimento das necessidades decorrentes de eventuais desastres naturais e emergências sanitárias e, também, serão obrigados a contratar uma apólice de seguro subsidiário para cada obra pública que realizarem, igual àquela que consta na reforma tributária federal.

Sistema tributário atual

Conceitos

- **Tributos:** os tributos são constituídos por impostos, taxas e contribuições.

- **Exemplos:** o imposto sobre consumo de mercadorias e serviços (ICMS) é um imposto; a taxa de embarque é uma taxa; e a contribuição ao Instituto Nacional de Seguro Social (INSS) é uma contribuição.

- **Tipos de impostos:** diretos e indiretos.

- **Impostos diretos:** os impostos diretos, como o imposto sobre a propriedade territorial urbana (IPTU) e o imposto sobre a renda e proventos de qualquer natureza (IR), são caracterizados por serem personalizados, já que são cobrados, respectivamente, de acordo com valor do imóvel de cada pessoa e a renda de cada pessoa.

- **Impostos indiretos:** os impostos indiretos são caracterizados por serem impessoais e regressivos; a alíquota percentual dos tributos indiretos aplicada sobre o valor dos produtos e serviços é igual para todas as pessoas, sejam elas pobres, de classe média ou ricas. O imposto sobre circulação de mercadorias e serviços (ICMS) e o imposto sobre a prestação de serviços (ISS) são exemplos de tributos indiretos.

- **Taxas:** a taxa de embarque e a taxa do lixo são exemplos de taxas.

- **Contribuições:** a contribuição ao INSS é um exemplo de contribuição.

- **Tributos regressivos:** os valores dos tributos regressivos cobrados das pessoas pobres são os mesmos valores cobrados das pessoas ricas. Por exemplo, considerando que o valor gasto com combustível nos postos de abastecimento seja R$ 400,00 por mês, o valor do ICMS de 18% é R$ 87,80 por mês (400,00/0,82 = 487,80 - 400,00 = 87,80), valor este que é exatamente igual para todas as pessoas, sejam elas pobres, de classe média ou ricas. Esse valor de R$ 87,80 de ICMS por mês é equivalente a 7,24422% da renda de uma pessoa que ganha R$ 1.212,00 por mês e é equivalente a 0,73166% da renda de uma pessoa que ganha R$ 12.000,00 por mês. Portanto, é regressivo porque é mais custoso para que ganha menos e é menos custoso para quem ganha mais.

- **Custo do produto na indústria:** na indústria, o custo do produto é o somatório de todos os custos variáveis e de todos os custos fixos utilizados para a fabricação de um determinado produto.

Os custos variáveis são formados pelas matérias-primas, cujas quantidades e custos variam de acordo com a quantidade produzida. Por exemplo, o custo total dos motores elétricos dos liquidificadores variam de acordo com a quantidade de liquidificadores produzidos.

Os custos fixos não variam de acordo as quantidades produzidas. Por exemplo, o valor do IPTU do galpão da fábrica de liquidificadores é sempre o mesmo, independentemente da quantidade de liquidificadores produzidos. A distribuição (rateio) dos custos fixos por produto é igual ao custo de fabricação do produto multiplicado pelo fator de distribuição (rateio) do custo fixo. O fator de distribuição (rateio) é obtido dividindo-se o valor do somatório dos custos de produção dos produtos fabricados no mês corrente pelo somatório dos valores dos custos fixos do mês corrente.

- **Custo do produto no comércio:** no comércio, o custo do produto é igual ao custo de compra do produto a ser vendido mais o custo fixo. A distribuição (rateio) do custo fixo por produto é igual ao custo de compra de cada produto comprado multiplicado pelo fator de distribuição (rateio) do custo fixo. O fator de distribuição (rateio) é obtido dividindo-se o somatório dos valores dos produtos comprados no mês corrente pelo valor do somatório dos custos fixos do mês corrente.

- **Contribuinte tributário:** apenas as pessoas físicas consumidores finais dos produtos e serviços são contribuintes tributários. As pessoas jurídicas (empresas) não são contribuintes tributários porque elas não pagam tributos, elas apenas recolhem os tributos incluídos no preço dos produtos e dos serviços comprados e pagos pelas pessoas físicas, que são os consumidores finais de todos os produtos e serviços vendidos.

Exemplo:

Custo do produto = R$ 100,00
+ lucro de 10% = R$ 111,11 (100,00/0,90 = 111,11)
Preço do produto = R$ 111,11 (antes dos impostos)
+ IR de 15% = R$ 19,60 (111,11/0,85 = 130,71 - 111,11 = 19,60)
+ ICMS de 18% = R$ 24,39 (111,11/0,82 = 135,50 - 111,11 = 24,39)
Preço do produto = R$ 155,10 (para o consumidor final)

Quando o consumidor final compra o produto do exemplo acima descrito, ele paga à pessoa jurídica (empresa) o valor total de R$ 155,10, sendo R$ 111,11 o preço do produto, R$ 19,60 de IR e R$ 24,39 de ICMS. A pessoa jurídica (empresa) recolhe R$ 19,60 de IR ao Governo Federal, recolhe R$ 24,39 de ICMS ao Governo Estadual e fica com R$ 111,11 para ela.

O sistema tributário brasileiro atual com mais de oitenta tributos, é muito complicado e custa caro. Por isso, as pessoas jurídicas (empresas) precisaram criar a contabilidade tributária, também conhecida como contabilidade fiscal, para cuidar da administração de todos os procedimentos necessários ao recolhimento dos tributos.

www.ingramcontent.com/pod-product-compliance
Lightning Source LLC
LaVergne TN
LVHW020034160726
843469LV00044B/1782

* 9 7 8 8 5 4 7 1 0 6 3 8 6 *